AF271989

MIKKEL ZEKI LARSEN

ER DU SÅ MANDEN eller damen?

En bøssehåndbog til Gud og hvermand

Copyright © 2021 Mikkel Zeki Larsen

Forfatter: Mikkel Zeki Larsen
Foto på omslag: Sharon Pittaway
Figurer og tegninger i bogen: Leremy Gan
Grafik: Adobe Spark

Forlag: BoD – Books on Demand, København, Danmark

Tryk: BoD – Books on Demand, Norderstedt, Tyskland

Særligt tak til venner og familie for hjælp, råd og
sparring

ISBN: 9788743028659

INDHOLD

.

Til ære for dem, der var her

Skrevet til dem, der er her

Et håb til dem, der kommer

FOR 100 ÅR
SIDEN BLEV DANSKE
HOMOSEKSUELLE BETRAGTET
SOM PSYKISK SYGE

INTRODUKTION

Kapitel 1

Introduktion

J a, så gik den ikke længere. Min bog "Livet som rejseleder" udkom for et års tid siden, og nu fik jeg samme uro i kroppen, som da den blev lavet. Der sker som regel det, at jeg får en god idé – ja dem får jeg i øvrigt utroligt mange af, men så lader jeg den lige stå i hovedet lidt. Jeg ved, hvordan det skal føles, hvis det er noget jeg skal gå videre med. Det er egentlig meget simpelt – jeg skal ikke længere kunne falde i søvn om natten, fordi idéen bliver ved med at udfolde sig i mit hoved. Når jeg rammer det punkt, ved jeg, idéen er rigtig.

Idéen fik jeg for et par år siden. Titlen kom bare flyvende ind på min nethinde. Jeg har tænkt sporadisk på den lige siden, men først i september 2020 foldede den sig ud for mig, og da jeg ikke længere kunne falde i søvn, vidste jeg, hvad klokken var slået – jeg måtte simpelthen bare i gang.

Nok om mine søvnproblemer. Hvad har jeg tænkt med det her projekt? Som sædvanlig mange ting. Jeg har ikke kun én plan med bogen, og meningen er ikke, at den udelukkende henvender sig til homoseksuelle. Tværtimod faktisk. Der er nok ikke super meget ny information til homoseksuelle i den her bog, medmindre man lige er sprunget ud eller står på tærsklen til at skulle det. Bogen er til alle.

Er man erfaren homoseksuel, kan man få sig et godt grin – måske endda blive klogere og få sat lidt ord på nogle følelser og tanker.

Er man ikke sprunget ud endnu (lad os kalde det uerfaren homoseksuel), kan man til gengæld blive VIR-KELIG godt klædt på til jagtmarken. Jeg ville ønske, en eller anden havde skrevet den her bog, da jeg sprang ud, så mit største håb er, at bogen på et tidspunkt havner i hænderne på én, der virkelig får gavn af den.

Selve titlen på bogen henvender sig til alle dem med spørgsmål, lad det være venner, veninder, familie *und so weiter*. De kan i den grad trænge til en håndbog i homoseksualitet. Til trods for, at jeg ser min seksualitet som en lidt ligegyldig ting, så er det ofte den del af mig, folk er mest nysgerrig på. Jeg har dog aldrig helt forstået hvorfor. Min seksualitet definerer ikke min personlighed, jeg er et almindeligt menneske som alle andre. Af samme årsag fortæller jeg aldrig "uden videre", at jeg er homoseksuel. Hvorfor skulle jeg dog det? Man ville jo heller aldrig (uden kontekst) slynge ud i luften, at man er heteroseksuel. Det er en ligegyldig ting for mig.

Inden det homoseksuelle miljø jagter mig igennem København med fakler og høtyve, så lad mig endelig slå fast: Jeg skammer mig ikke over at være homoseksuel – ikke længere! Men jeg ser altså ingen grund til at nævne det for andre mennesker hele tiden. I mine øjne, og for mit vedkommende, er personlighed og seksualitet to vidt forskellige ting – og så alligevel. Seksualiteten har, for mange af os, betydet en hel del for vores liv, og netop den opdagelse gjorde, at jeg var nødt til at skrive noget om det.

I princippet rager min seksualitet ikke andre, men det får vi selvfølgelig lidt ødelagt med udgivelsen af denne bog. Jeg mener dog, det er det værd. Når målet og tanken bag er en smule humor, lærerigdom samt bedre forståelse og accept af os som en minoritet – ja så ofre jeg mig gerne.

"Er du så manden eller damen?". Altså helt seriøst – hvad er det for et røvsygt spørgsmål? Jeg har det meget blandet med det spørgsmål, for det er underligt nok noget af det, folk spørger mest om.

Havde du spurgt mig for 10 år siden, ville jeg have nedkaldt død og helvede over dig. Det kunne virkelig bringe mit pis i kog. Jeg har det lidt anderledes med det i dag. Altså spørgsmålet er stadigvæk fuldstændig hjernedødt, men jeg har fundet ud af, at folk ikke nødvendigvis mener noget ondt med det. Jeg kalder det velmenende uvidenhed. Det er et kikset forsøg på ikke at være vulgær – for det, de som regel vil vide er, "hvem der tager den og hvem der giver den". De tror så "er du så manden eller damen?" er en pænere måde at spørge på – hvilket er forkert.

Men hvorfor er spørgsmålet så forkert, tænker du måske. Det finder du nok ud af. Jeg har samlet de spørgsmål der er flest af i sit eget afsnit, så det kan du glæde dig til (og tænke over... please!).

Jeg håber, min bog sætter tankerne i gang hos dig. Det er meningen. Hvis du er erfaren homoseksuel som mig, bliver du måske overrasket over, hvordan virkeligheden hænger sammen, fordi du/jeg/vi ikke længere tænker over det. Det er jo bare sådan det er – det er vores hverdag, det er vores tanker og det er vores følelser.

Til dig, der er nysgerrig – jamen velkommen til vores verden! Jeg har virkelig gjort mit bedste for at få det hele med, og du bliver nok både forarget og overrasket mere end én gang i løbet af bogen. Det er også meningen.

Indholdet i bogen er i øvrigt opbygget og fremskaffet således;

50% er ren personlig erfaring og opbygget viden.
Efter et årti som homoseksuel i både Danmark og udlandet, med alt hvad det indebærer, så oplever man lidt af hvert.

25% er tankemylder.
Jeg er en person, der bruger samtlige vågne timer på at tænke og spekulere. Jeg laver nærmest ikke andet. Mit sociale behov ligger på et minimum, så jeg sætter som

regel en ære i at løse livets problemer og gåder selv. Det har både sine fordele og ulemper – bevares – men konklusionerne plejer nu at holde stik alligevel.

25% er samtaler med andre homoseksuelle.
Jeg har haft mange dybe samtaler med mine homoseksuelle venner, og efter rigelige mængder billig vin, har jeg tit erfaret, at mine førnævnte konklusioner er blevet bekræftet. Et godt tip i øvrigt. Sur hvidvin, gin og tonic eller vodka med en tilfældig sød væske, kan få enhver til at åbne for godteposen.

Når folk stiller mig spørgsmål om både det ene og det andet, spørger de som regel først, om det er okay, at de spørger. Alle får det samme svar:
"Jeg besvarer alle spørgsmål – du skal bare være helt sikker på, du også kan tåle at høre det ærlige svar".

Er du sikker på, du kan tåle de ærlige svar? Hvis ja, så fortsæt endelig. Hvis nej, så fortsæt alligevel – mine figurer og jeg har dig i hånden hele vejen!

7 PROCENT
AF DANSKE
HOMOSEKSUELLE
FÅR DET ALDRIG
FORTALT TIL NOGEN

ERKENDELSEN

Kapitel 2

Erkendelsen

Folk er meget nysgerrige på denne del, men sjældent som noget af det første. Det er mest den der mand-dame ting som går konsekvent igen, men når folk har kendt mig i noget tid, så kommer den alligevel: "Hvornår sprang du ud?" og "hvordan tog din familie det?".

Det er et punkt der, for nogen, kan være særligt hårdt, og det regner folk ikke altid med. Man har ofte en fornemmelse af, at ens nye, søde bekendtskab selvfølgelig ingen modstand har mødt overhovedet – for han er jo helt fantastisk, sød, sjov og rar?! Det er desværre bare ikke altid tilfældet, og jeg kan derfor kun anbefale at spørge forsigtigt, og gerne spørge, om det er okay at spørge, inden man lader ordene flyde. Det er ofte helt okay at spørge, men det er ikke rart for nogen at blive taget med bukserne nede, eller at være den der ødelægger den gode stemning, for den sags skyld.

Coming out storys hitter stort på steder som YouTube. Det er typisk klip fra USA, hvor unge mennesker har filmet det øjeblik de fortæller deres forældre eller venner, at de er homoseksuelle, for derefter at dele det. Selvfølgelig er det primært de øjeblikke hvor budskabet bliver godt modtaget, og det kan være virkelig rørende at være vidne til. Der er også videoer, hvor de beskriver, hvordan deres familie ikke længere vil kendes ved dem, netop på grund af deres seksualitet. Det er desværre den barske virkelighed – også i Danmark.

Det er forskelligt fra person til person, hvordan det føles, men i mit tilfælde var jeg klar over, at en besked af den karakter kan få en blandet modtagelse. Man er i det mindste nødt til at forberede sig på, at nogle mennesker bare ikke kan håndtere det. Hvis man har gjort sig de tanker og måske prøvet at forberede sig lidt på det, så er det også nemmere at komme igennem.

For mange mennesker kan det virke underligt og endda fjernt, at det kan være så svært at fortælle det. Det er i princippet kun fint – det betyder som regel, at de intet har imod det, og at de ser det som helt naturligt og almindeligt at være homoseksuel.

Én ting er at erkende det overfor sig selv, noget andet er at erkende det overfor andre. Det handler ikke ret meget om at være homoseksuel – det er næsten det sidste det handler om.

Det handler om frygt. Frygten for at miste gode relationer og mennesker omkring sig. At springe ud handler ofte om, at man gerne vil have muligheden for åbent at forelske sig i den, man har lyst, men alt her i livet har en pris. Som homoseksuel kan ønsket om at skabe en romantisk relation resultere i, at andre relationer dør mod vores vilje. Det er en forfærdelig pris at skulle betale – og det er en af grundene til, hvorfor det kan være svært at erkende.

Det handler også om at erkende, at man seksuelt afviger fra normen. At man er anderledes. At folk måske vil tage afstand fra en på det tidspunkt i livet, hvor man har allermest brug for dem.

Sidst, men ikke mindst, kan erkendelsen være svær, fordi man ikke selv vil acceptere det. Man kan være opvokset i et miljø, hvor det at være homoseksuel er forbundet med enorm skam, og det gør jo ikke ligefrem situationen nemmere. Nogle erkender det aldrig. Nogle lever livet alene, eller med en kvinde de ikke seksuelt tænder på – for andre er det desværre en anden og mere dyster historie. Man hører stadigvæk historier fra den vestlige verden, i dette århundrede, hvor nogen foretrækker døden fremfor et liv som homoseksuel.

Det er hændelser som dem, der gør, at vi til tider føler os anderledes. Hvis nogen ligefrem aktivt vælger at dø, fremfor at have samme seksualitet som mig, så sætter det altså nogle tanker i gang.

Der er mig ganske umuligt at formulere, hvordan erkendelsen definitivt hænger sammen, for der er lige så mange "springe ud historier" som der er homoseksuelle. Hver homoseksuel har sin egen historie, og sit eget efterspil. Nogle er mere privilegerede og "heldige" end andre, mig selv inklusiv.

Inden jeg kommer ind på min egen historie, vil jeg gerne slå fast med syvtommersøm, at homoseksualitet ikke er et valg. Det er ikke noget vi selv har valgt fordi det kunne være sjovt – ligesom du ikke har valgt at være heteroseksuel, biseksuel eller noget tredje seksuel. Det er nu engang bare sådan det er. Det eneste valg vi selv har truffet, er at leve med det og efter det. Det er ligesom det, der giver os sorte tal på romantik-kontoen.

7 procent af de danske homoseksuelle skjuler det hele deres liv. Måske lever de i et forhold med en kvinde, eller måske forbliver de enlige hele livet. Selvom de ikke lever som åben homoseksuel, så er de stadig homoseksuelle, de undgår bare at sige det til nogen. Det gør ondt helt ind i sjælen at tænke på, at nogen går rundt i vores lille, dejlige land, uden at turde. Turde være sig selv. Turde leve livet med stolthed.

Rigtig mange mennesker tænker "hvis du er kærester med en kvinde, har sex med en kvinde, har fået børn med en kvinde *und so weiter*, så kan du ikke bare pludselig blive homoseksuel?!".

I princippet har de mange skeptikere ret. Man bliver ikke bare "pludselig" homoseksuel, men du kan sagtens nå til et punkt i livet, hvor du endelig tør stå ved det. Man ser det ikke så tit blandt de unge mennesker endnu, men primært blandt dem der er 40+. De er ikke vokset op i en tid med så meget accept og fokus som vi yngre, og netop derfor tør nogen først at tage springet nu – eller også har de måske haft en oplevelse, der gør, at de lærer den side af sig selv at kende.

Man bliver altså ikke homoseksuel over natten, og det

er heller ikke en beslutning man træffer henover morgenkaffen. Din seksualitet bliver udviklet under puberteten, og derefter vælger vi selv, om vi vil vise den frem eller ej, enten i en ung eller sen alder.

Bedre sent end aldrig plejer jeg at sige. Vi fortjener alle at forelske os i den vi har lyst til, uanset om det så skulle være en mand, dame eller noget midt imellem.

Trods mange studier, er der på nuværende tidspunkt ingen forklaring på homoseksualitet. Der er simpelthen ingen der aner en papskid om, hvorfor nogle forelsker sig i en af samme køn, det eneste man ved, er, at nogle dyrearter gør det samme. Hvorfor gør de det? Ja, det ved man så heller ikke.

I Danmark var homoseksualitet registreret som en sygdom indtil 1981. Det er altså kun 40 år siden, at mennesker som mig blev set på som syg. Så forstår man bedre, hvorfor især den ældre generation bare lod som ingenting – for syg gider man sgu ikke være.

Jeg har tit tænkt på, om der mon sad nogle et sted og eksperimenterede med en vaccine eller noget i den stil. Lidt ligesom med corona-virussen, der er ved at nedlægge hele verden i skrivende stund. I USA forsøgte man faktisk med elektroder i hjernen at omvende homoseksuelle. Godt de blev klogere!

Hvis du har læst min seneste bog, har du også læst lidt om min *coming out story*, som dog ikke blev filmet.

Det gjorde den blandt andet ikke, fordi jeg valgte at gøre det over tekst fremfor ansigt-til-ansigt. Havde det været det, havde jeg nok ikke filmet det alligevel. Jeg er ikke den store *YouTuber*.

Det var ganske rædselsfuldt at sende sådan en besked afsted. Jeg husker det som var det i går, selvom det næsten er 10 år siden.

Jeg har stadig beskeden på min telefon, som dengang blev sendt til min mor, tante og min fars kone. På en eller anden måde kunne jeg ikke skrive beskeden direkte til min far. Det var helt ekstremt grænseoverskridende at skulle skrive det direkte til ham, og først mange år efter fandt jeg ud af hvorfor. Det var skam. Jeg skammede mig over at skulle indrømme, at jeg måske ikke var den søn, han havde håbet på at få.

En af grundene til det blev gjort over tekst, var, at jeg boede i Egypten på daværende tidspunkt. Samtidig havde jeg behov for at komme ud med alt jeg ville, uden at blive afbrudt, for ellers kunne jeg bare have ringet. For at kunne beskrive, hvad der foregik i hovedet på mig, får du størstedelen af beskeden her.

Kære familie.
Den her besked er sendt til få af jer, men er ment til jer alle.

Som i nok ved har jeg en del problemer med agenten hernede, og vi kommunikere ikke særligt godt sammen. Jeg skal tale med min chef i aften om hvad vi kan gøre ved problemet, eventuelt lave en omrokering, så nu må vi ses hvad der sker.
Derudover har jeg bestemt ikke travlt. Jeg arbejder 10-12 timer om ugen, så der er masser af fritid. I al den her tid har jeg kunne tænke over nogle ting. Jeg har kunne bearbejde nogle ting, og jeg har kunne gøre mig klar til nogle ting. En ting jeg har kunne gøre mig klar til, har taget mig omkring 6 år at blive klar til. En ting jeg længe har troet aldrig ville muligt at komme ud med. Jeg er klar til det nu, og jeg synes det er på tide i får det af vide.

Jeg er homoseksuel

Jeg har vidst det de sidste 5-6 år, men det er altså ikke særligt nemt at komme frem med. Alt for mange mennesker har et forkert billede af hvad det betyder, og hvordan en homoseksuel ser ud og opfører sig. Det er ikke nemt at melde ud man er anderledes. Nogle kan respektere det og andre kan ikke, og det har jeg været nødt til at forberede mig på. Uanset hvad i synes om det, så er jeg forberedt på det værste. Men husk på én ting: Jeg har ikke selv valgt det. Det har aldrig været min beslutning.

Jeg elsker jer.

Puha. Den rammer mig altid lidt, når jeg læser den. Det er sgu stærke sager fra en gut på 19!

Jeg må nok også indrømme, at det faktisk ikke er 100% korrekt, det jeg skriver i beskeden. For jeg havde ikke "direkte" vidst det i 5-6 år. Det gik faktisk først op for mig dagen forinden. Jeg kan huske, at jeg skrev 5-6 år, fordi det var den tid, jeg havde været tiltrukket af fyre, men i al den tid tænkte jeg, at det nok gik over en dag.

Jeg blev forelsket i en kollega i Egypten, og da det meget pludseligt gik op for mig, erkendte jeg i samme sekund, at jeg var homoseksuel. Dagen efter skrev jeg beskeden til min familie.

Jeg indledte aldrig et forhold med fyren fra Egypten, og jeg fandt senere ud af, at min "spring ud historie" er lidt anderledes end hos mange andre. Da jeg begyndte at snakke med andre homoseksuelle for første gang, havde de fleste sprunget ud for deres venner, inden de *breakede* nyheden til deres familie. De fleste havde også været sammen (ja, sådan rigtig sammen) med en fyr, inden de gjorde det. Det havde jeg overhovedet ikke. Det tætteste jeg havde været på en nøgen fyr var til idræt i folkeskolen, og mine venner fik først nyheden efter min familie.

Min pointe er, at man skal gøre det, der føles rigtigt for en selv. Det er en stor ting, og det kan være en meget lang og personlig proces man skal igennem, før man er helt klar.

Hvis vi lige skal vende retur til min familie igen, så jublede de over nyheden. De havde sågar "haft det på fornemmelsen".

Jeg tænkte, det var noget bullshit. Hvordan i alverden skulle de have haft det? Men jo jo, den var god nok. Lige som du troede, du skulle til at starte en borgerkrig, hvor hele dit liv bare styrter i grus for øjnene af dig, så havde de gudhjælpemig snakket om det i flere år. Misforstå mig ikke – jeg ser det ikke som en dårlig ting, men når man oppe i hovedet har opbygget en blanding af håb, frygt og kaos, så er "godt gået skat – det vidste vi godt" ikke responsen, man havde forventet. Det var til gengæld den respons, man havde håbet på, men man bliver også efterladt med en lidt tom fornemmelse. Det gjorde jeg i hvert fald. Man forventer lidt, at alt bliver både bedre og anderledes, men det vender vi tilbage til.

Jeg ser mig selv som helt utroligt heldig og privilegeret, for jeg har ikke mistet hverken venner eller familie på min *coming out story*. Tværtimod, får jeg lyst til at sige. Folk synes faktisk bare det var cool.

Min situation er hverken særlig eller et enkeltstående tilfælde i Danmark, det bliver mere og mere acceptabelt at være homoseksuel, takket være mange års hård kamp. Kampen er dog langt fra slut. Vi mangler at normalisere homoseksualitet på et langt tidligere tidspunkt i folks liv. Mange tror, at livet spiller maks efter erkendelsen, men det er ikke altid tilfældet.

Mange homoseksuelle begynder i en meget tidlig alder at opbygge et "våbenskjold". Eller i hvert fald et skjold. Det er meget forskelligt, hvilket våben der pryder skjoldet. Der kan også være tilfælde, hvor man bruger mere end ét våben. Vi bruger, hvad der er til rådighed, for at fremstå bedst muligt. Ægte eller ej.

For at være så *gay-friendly* som muligt, kan vi kalde våbenskjoldet for en regnbue, hvor hver farve symbolisere et våben.

For at forstå, hvordan det fungere, og hvorfor det fungere, skal tiden skrues tilbage til de tidlige teenageår, hvor pubertet og seksualitet begynder at banke på døren. Som homoseksuel opdager man relativt hurtigt, at der er noget, der ikke helt stemmer. Man føler, man er anderledes end de andre, og det går jo ikke som et ungt menneske. Man har behov for at være en del af fællesskabet, behov for at spejle sig i andre og behov for tryghed. I de yngre år ser man derfor ofte, at de homoseksuelle mænd får pigekærester for at skjule, at de i virkeligheden tænder på mænd. Det er ikke sikkert, man selv er nået frem til erkendelsen endnu, men man vil for alt i verden undgå, at nogen får det på fornemmelsen.

Jeg erkender gerne, at jeg også var "en af dem". Ikke fordi jeg som sådan havde lyst, men fordi jeg stod i den situation, at nogle havde fået det på fornemmelsen. For at modbevise deres påstande, var der umiddelbart kun én ting, der kunne lukke munden på dem. En pigekæreste.

Man kan på en måde sige, at man tilpasser sig miljøet omkring sig, fordi miljøet ikke er bygget og skabt til en selv. Erkendelsen ændrer desværre ikke så tit på det faktum, og deraf kommer regnbuen med alle dens våben. Man bliver afhængig af anerkendelse, og man kan næsten vinde priser for sit skuespil. Man har fra en ganske tidlig alder fundet ud af, at hvis man ændrer sig og tilpasser sig miljøet, ja så kan folk bedre lide en, fordi man er som dem. *Fake it till you make it.*

For at opnå anerkendelse, kan man vælge mellem våben som sex, skuespil, humor, penge og karriere.

Sex – ved at knalde med gud og hvermand, kan dette våben give dig følelsen af at være særligt attraktiv og ønsket.

Skuespil - en ægte skuespiller kan forvandle sig til et nyt menneske, alt afhængig af situation, miljø og omgangskreds. Dette våben giver popularitet, og så giver det en særlig følelse af at stikke af fra virkeligheden.

Humor – er man særligt humoristisk og rap i replikken, kan dette våben give masser af opmærksomhed og popularitet.

Penge – med penge på lommen kan man købe sig til et glansbillede, hvis man for eksempel ikke mestrer hverken humor eller skuespil.

Karriere – knokler man sig til en stor og flot karriere, kan det være for at opnå et våben, der symboliserer passion, magt og status.

Problemet med hvert våben er, at man værdsætter det utroligt højt. Man lærer at elske sine våben, til trods for, at man inderst inde helst vil være dem foruden. Man bruger dem, fordi de giver anerkendelse, og hvis andre siger man er god nok, så må det jo være rigtigt. Mister man sit våben, kan det resultere i en dyb depressiv tilstand. Hele ens eksistensgrundlag begynder pludselig at smuldrer fra hinanden. Man lever på andre menneskers anerkendelse, i stedet for sin egen.

Når vi har lært fra de tidlige teenageår, at folk meget bedre kan lide os, hvis vi laver os om, så skaber det desværre den illusion, at vores helt sande jeg ikke er elskværdigt. Det er en følelse mange homoseksuelle går rundt med, selvom den bliver gemt godt væk. Hvis man føler sig elsket af andre, på baggrund af de våben der pryder regnbuen, så er det klart, at mange kæmper deres livs kamp for at bevare dem. Det gør ondt at miste sine våben, og skal man smide dem frivilligt, kræver det ekstremt hårdt arbejde. Det er desværre ikke alle, der kan overskue den opgave, og derfor vil nogle mennesker leve et liv i den tro, at lykke, glæde og anerkendelse skal injiceres. Man ser på det, som var det en vaccine med kortvarig virkning.

Det er naturligvis også vigtigt at understrege, at det ikke nødvendigvis er et våben, hvis man har mange sexpartnere, mange penge eller er særligt humoristisk begavet – det er et våben, hvis ens handlinger strider imod ens sande jeg. Forskellen ligger i, om man har sex for lystens skyld, for kedsomhedens skyld eller for anerkendelsens skyld. Der er kæmpe forskel.

Jeg vil nu tage dig med ind i den homoseksuelle verden. Efter erkendelsen skal vi som regel bruge en del tid på at genopfinde os selv, for den verden du og jeg er vokset op i kan ikke bruges til noget som helst. Når det kommer til sex, kærlighed, følelser og begreber er vi fuldstændig som nyfødte igen. Hvis du ingen kendskab har til den homoseksuelle verden, vil jeg umiddelbart bede dig holde på hat og briller fra nu af.

DANMARK VAR FØRSTE LAND I
VERDEN TIL AT
INDFØRE REGISTRERET
PARTNERSKAB MELLEM
HOMOSEKSUELLE

TYPERNE

Kapitel 3

Typerne

Så er det nu, at brillerne skal placeres solidt i hovedet og kaffekoppen et skridsikkert sted. Hvis du har en aftale om 10 minutter, skal du enten aflyse eller smide bogen fra dig, for nu tager jeg dig med *behind the scenes* i den homoseksuelle verden. For nogle kan det her virke fuldstændig *crazy* og grænseoverskridende, men der er en mening med galskaben.

Jeg vil introducere dig for vores inddeling af typer. Det er ikke nok "bare at være homoseksuel", man skal puttes ned i flere kasser. Det opdager man, så snart man opretter en dating-profil. Det kan for eksempel være på telefonen via *Grindr*, *Hornet*, *Scruff*, *Tinder* eller en af de mange andre apps. På computeren har vi den gode gamle klassiker *boyfriend.dk*.

Den mest populære dating-app målrettet homoseksuelle, er *Grindr*. Her opretter man en profil, skriver nogle detaljer om sig selv og laver en lille tekst. Herefter kan man sætte et eller flere billeder på. De andre brugere er rangeret efter afstand, så ham der for eksempel er tættest på dig, ligger øverst. Den lille detalje man opdager, når man laver profilen, er spørgsmålet om ens *tribe*. Det kaldes også ens type, og det er en måde hvorpå vi rangerer, hvordan vores krop er bygget, hvor behåret vi er og så fremdeles. Man bruger primært begrebet online og via tekst, og kun sjældent i "den virkelige verden".

For nogle kan det virke forkert og ubegribeligt, at vi stadig har behov for at smide hinanden i kasser eller sætte labels på alting, men det er der en dybere mening med.

De fleste homoseksuelle har på et tidspunkt i livet følt sig forkert, anderledes eller udenfor normen i en eller anden form, og derfor finder nogle hurtigt ud af, at tryghed og anerkendelse kan skabes i et fællesskab, hvor gruppen af mennesker ligner en selv. Når man er sammen med den gruppe, er man fuldstændig normal og ligesom alle andre.

Homoseksuelle er på ingen måde ens. I nogle menneskers tilfælde er der behov for at indsnævre kassen, eller gøre den mere specifik. På den måde finder man mennesker, der ligner en endnu mere – deraf kommer sådan noget som *tribes*.

Det kan være utroligt befriende at være sammen med andre, der ligner en selv. Jeg får selv følelsen, når jeg er på homobar. Der er noget meget befriende ved, at jeg lige præcis derinde, er fuldstændig som alle andre omkring mig.

Tribe-begreberne er altså nogle begreber, der kan bruges for at finde ligesindede man kan spejle sig i, eller for at finde en partner med et specielt *tribe* man finder attraktivt. De forskellige begreber bruges i hele verden, og af samme årsag er de engelske.

Kapitlerne "Typerne" og "Forklaringerne" handler primært om interne homoseksuelle begreber og talemåder, som omverdenen ofte ikke forstår. Måske fordi de ikke spørger, det skal jeg ikke kunne sige. Der er til gengæld også virkelig mange der ikke aner de eksisterer. Allerede nu har du en bedre forståelse for, hvorfor det eksisterer, men du skal til at holde på hat og briller. Nu smækker vi den i sjette gear!

Bear

En bear – eller bjørn på dansk – vil ofte beskrives som en forholdsvis stor, behåret mand. Der findes tre/fire *tribes,* som har navn efter dyr, forskellen mellem dem er primært kropsstørrelsen, hvor bjørnen er den største. Den er meget udbredt i Danmark, og mange vil sammenligne bjørnen med den famøse "farkrop".

Cub

En cub vil ofte betegnes som værende det samme som bjørnen – det er derfor ikke nødvendigvis kropstypen der henvises til her, men mere personens alder. En bear er ofte en midaldrende mand, hvorimod en cub er en ung mand.

Otter

En otter/odder er den kropsmæssigt mindste af "dyrene". Beskriver man sig selv som otter, vil man typisk være en tynd, behåret mand. Dette er behårings-mæssigt den direkte modsætning til ty-pen twink, som er tynd og uden hår.

Rugged

Vi bliver hos de flotte behårede mænd lidt endnu. Hvis man er rugged, trimmer man kroppen på en bestemt måde. Man kan derfor godt være både rugged og bear samtidig. Denne betegnelse bruges sjældent i Danmark.

Daddy

Denne type er meget udbredt i Danmark. En daddy er en midaldrende mand med en relativt dominerende personlighed. En daddy vil typisk lede efter partnere, der er yngre end vedkommende selv, det kunne for eksempel være en twink.

Clean-cut

Endnu en sjælden type på de nordiske breddegrader – og så alligevel. Typen bliver ikke brugt særligt tit, selvom mange går under den. Hvis man er clean-cut, har man friseret kort hår, nydeligt trimmet eller ingen skæg, næsten ingen hår på kroppen og er ikke-ryger. Mange modeller er clean-cut.

Poz

Vi har igen fat i en type, som meget sjældent bruges i Danmark. Typen poz henviser til mænd, som er hiv-positiv. Vi har selvfølgelig også mænd med hiv i Danmark, men selve begrebet poz bruges sjældent som "hovedtype".

Leather

Typen i denne kategori elsker læder – surprise. Det er en af de få *tribes,* der henviser til en seksuel fetich. Er man til læder, foretrækker man enten at være klædt i læder og/eller at bruge læder under sex. Der findes mange klubber, hvor folk med denne *tribe* kan mødes – også i Danmark.

Trans

Typen trans referer til folk, som er transkøn-net. Det er derfor også den eneste *tribe,* der henviser til en kønsidentitet. Jeg har ople-vet mange, som forbinder Drag Queens og transkønnede personer – det er dog ikke det samme. En Drag Queen kan sagtens være transkønnet, men ikke nødvendigvis. De to begreber hænger ikke sammen.

Geek

Der er lidt forskellige meninger om, hvad ty-pen geek dækker over. Nogle mener man er geek, hvis man er forholdsvis "nuttet" og har briller, mens andre mener det kræver lidt mere - typisk mange hobbyer og et godt ho-ved.

Jock/Hunk

Her har vi ham med den veltrænede krop. Det er typisk den atletiske type, der gemmer sig her. Det kan ses på både kropstypen og interesserne. En kombination af jock og rugged, er som regel et kæmpe hit blandt mange homoseksuelle.

Twink

Den sidste type, jeg vil sætte fokus på, er den unge fyr. En twink er en ung, tynd og stort set hårløs fyr. Hvis man forestiller sig Justin Bieber som homoseksuel, havde han nok været en twink i sine unge dage. Kigger man udelukkende på *tribes* er det, ifølge de fleste pornohjemmesider, grupperne twink, jock/hunk og daddy, som bliver søgt mest efter.

Er du med endnu? Nogle vil måske synes, at de her typer er noget af en mundfuld, men husk det ikke er noget vi går rundt og taler om hele tiden. Det er nogle relativt små ting som vi ikke engang tænker over længere, for sådan har det jo altid været. For os.

Funktionen er brugbar online, hvis man, for eksempel et sted som Grindr, ønsker at finde dem, der definerer sig som twink, daddy eller noget tredje. Man kan indstille appen til kun at vise de fyre, der definerer sig som det man leder efter, og på den måde nemmere finde et match.

Bliver det for indviklet? Vi kan tage et andet eksempel, typerne bliver nemlig også brugt i en anden sammenhæng – nemlig i barmiljøet.

Mange barer holder temaaftener, på den måde kan man invitere én særlig type den pågældende aften, og så kan fællesskabet mødes. Det kan være dem der elsker læder, der én aften om ugen kan møde op i fuldt læder-outfit – for lige præcis den aften er det normalen på den pågældende bar. Aftenen efter kan det måske være bjørnene der mødes.

I den kontekst fungere de forskellige *tribes* utroligt godt, for vi kan vel blive enige om, at "bear night" lyder federe end "tyk-mand-med-hår-på-kroppen-aften"? Det synes jeg i hvert fald. Eller hvad med "ung-tynd-fyr-uden-hår-aften"? Ej, det spiller sgu ikke.

Man kan godt møde op til en "bear night" som twink, men så skal man være forberedt på, at det kan blive tolket som om, man finder bear-typen attraktiv.

Det samme gør sig gældende i alle andre tilfælde – vær dog opmærksom på steder, hvor der reklameres med jock eller læder nights. Her vil det i nogle tilfælde være påkrævet, at man går i den påklædning som typen refererer til. Invitere man til jock-night med dresscode, betyder det som regel, man skal være klædt i sportstøj og/eller gummisko.

Det er vigtigt at understrege, at der er flere typer end dem jeg har listet her. Der er også nogen – inklusiv mig selv – som ikke aktivt tilhører en *tribe* eller gruppe. Enten fordi man ikke kan finde sig til rette i en af dem, eller også fordi man simpelthen ikke har behov for det. Man bestemmer heldigvis selv.

Tribes, eller typer, er ikke det eneste du bliver væltet omkuld med, når du første gang besøger det store, online kødmarked. Der findes en milliard forskellige betegnelser, begreber og forkortelser som næsten udelukkende bruges af homoseksuelle. Ved du hvad det betyder, hvis du bliver spurgt om du har regntøj? Eller om du er til NSA? Get ready and buckle up!

HOMOSEKSUALITET
ER STADIG
ULOVLIGT I HVERT
TREDJE LAND I
VERDEN

Kapitel 4

Forklaringerne

Der findes en kæmpe ordbog med homoseksuelle slangord, som næsten udelukkende bruges i vores miljø. Det er langt fra alle ord, som har fundet vej til Danmark endnu, men en del af de populære ord eksistere og bruges også her i stor stil.

Hvis vi skal starte blødt ud, kan vi starte med navnene på de homoseksuelle sex-positioner – og her menes der ikke om du står op, sidder ned eller hænger fast med kroge i loftet, det er tværtimod svaret på spørgsmålet "er du så manden eller damen?". Som nævnt tidligere, vil folk ofte gerne vide, om man er den der giver eller tager under sex, forstået på den måde, at én penetrerer og én bliver penetreret. Alle positioner har dog et specifikt navn. Se bare her:

Aktiv / *Top* (ham der penetrerer)

Versatil / *Vers* (hvis man er begge dele)

Passiv / *Bottom* (ham der bliver penetreret)

Hvilken rolle man befinder sig bedst i, ved man som regel ikke, før man har prøvet. Grunden til, at folk ofte spørger "er du så manden eller damen?" er, hvis de ikke umiddelbart kan aflæse, hvem i forholdet der er den mest feminine. Folk har generelt den opfattelse, at den mest feminine i et forhold sikkert er den passive part, og ja – sådan er det måske ofte, men ikke altid. Alle mænd har en maskulin og en feminin side, også de heteroseksuelle mænd. Der er bare ikke særligt mange, der er komfortable med den, og af den årsag får de den aldrig udforsket.

Nogle homoseksuelle føler sig bedst tilpas i den feminine side til dagligt, men så udlever de måske deres maskuliner sider på lagnerne i stedet for.

Hvis vi hopper tilbage til typerne fra kapitlet før, kan man sige, at typen "daddy" som regel altid vil være den aktive. Han er dominerende og styrende, og man vil som homoseksuel altid forbinde en "daddy" som aktiv. Hvis man kan lide at være meget dominerende og styrende, er der selvfølgelig også et publikum i den anden lejr. Der ser begreberne således ud:

Dominerende / *Dom* (styrende og "hård")

Submissive / *Sub* (underdanig og modtagende)

Begge begreber indgår i BDSM, som de fleste nok har hørt om før. BDSM er en forkortelse for: **B**ondage & disciplin, **D**ominans & submission, **S**adisme & **M**asochisme. BDSM er hvad man kalder et "paraplybegreb", da det dækker over en masse forskellige aktiviteter og feticher.

En BDSM-kategori jeg altid har undret mig over, er *petplay*. Jeg må smide håndklædet i ringen – hvor den ting kommer fra, det ved jeg simpelthen ikke. Ham der er *sub,* er primært i fokus, og han optræder altså i rollen som et dyr. Særligt hunden er populær. Altså al respekt til dem, der finder det spændende at sige "vuf" en gang imellem, men der er jeg altså stået af for et par stationer siden.

Besøger man en sex-shop, der henvender sig til homoseksuelle, vil der næsten altid være et område i butikken med udstyr til *petplay*. Det er ikke super udbredt i Danmark, men der findes nogle foreninger rundt omkring i verden, hvor man mødes et par gange om året. Gad vide om de holder verdensrekorden for verdens største flytbare hundekennel? Eller? Nej okay...

En anden subkultur man muligvis vil støde på, er *watersports* – og nej, der refereres ikke til bananbåden i Sunny Beach eller jetski på Mallorca. Tværtimod. Hvis man er til vandsport, tænder man på især urin, men i princippet dækker begrebet over "leg med kropsvæsker". Besøger man en homo-sexklub, og der i klubben står et badekar, så er det altså ikke meningen, man skal hoppe i for at få den helt store spabehandling. Hopper man alligevel i, bliver man godt og grundigt pisset på – i bogstavelig forstand.

Hvis man i Danmark får en besked, der lyder cirka sådan her: "Har du regntøj?" – ja, så spørger personen, om man er interesseret i læder/gummi. Det kan endda også være, at han vil teste "regntøjets" kvalitet mod andre væsker end regn. Tænk selv scenariet til ende.

En sidste BDSM-fetich jeg vil medbringe, går under forkortelsen "FF". Det står for **F**ist **F**ucking. Kan man en smule engelsk, og har man fantasien i orden, er man nok rimelig godt med på, hvad det betyder. Fist = knyttet hånd. Man knalder vedkommende med hele hånden, og eventuelt armen, oppe i røven.

Jeg føler mig nødsaget til at smide en form for public service-meddelelse ind her – prøv ikke dette derhjemme uden videre! Fist fucking er ikke noget man giver sig i kast med i frokostpausen, og helst heller ikke som en spontan idé efter halvanden flaske vodka. Det kræver altså lidt nærmere undersøgelse og træning, og meget gerne med en partner man kender og stoler på. Ringmusklen kan sagtens håndtere det, men det tager lang tid at udvide den så meget, at en hånd kan komme derind.

Inden du smider bogen fra dig, for at give dig i kast med hænder i tarmsystemet, så læs lige videre. Please.

Homoverdenen og miljøet bliver flot beskrevet med forkortelsen LGBT+. Selve forkortelsen er længere, men det lille + til sidst dækker over resten af betegnelserne. Det dækker ikke kun over mandlige homoseksuelle, men hele paletten så at sige. Pakker man hele forkortelsen ud, ser den således ud:

Lesbisk - en kvinde, der er tiltrukket af andre kvinder.

Gay - i denne sammenhæng en mand, der er tiltrukket af andre mænd. Betegnelsen "gay" kan dog bruges om både bøsser og lesbiske.

Biseksuel - en person, der følelsesmæssigt og seksuelt tiltrækkes af mere end ét køn. Det er ikke nødvendigvis halvtreds-halvtreds, men kan variere om det er på samme måde og i samme grad.

Transkønnet - en person, som ikke identificerer sig som det køn, vedkommende er født med. At være transkønnet omhandler ofte ønsket om et kønsskifte, og er altså ikke en seksuel orientering.

Queer - oprindelig betydning er "mærkelig". Det var i mange år en betegnelse man brugte for at nedgøre homoseksuelle, men i dag bruges betegnelsen hvis man ikke føler sig tilpas i det, man kalder den binære kønsforståelse. Man stiller på en måde spørgsmål ved den oprindelige kønsforståelse og med kønsroller.

Intersex - også kaldet interkønnet i Danmark. Mennesker der er interkønnet, er ikke anatomisk bygget som normalen og kan derfor være født med for eksempel testikler og æggestokke. Det kan også ses ved variationer i kromosomer og genetiske udtryk. Nogle gange opdages det ved fødslen, andre gange senere i livet. Mange intersex personer ønsker netop at bruge denne betegnelse, fremfor "hermafrodit", som for mange føles forkert og stigmatiserende.

Aseksuel - en person, som ikke føler seksuel tiltrækning til andre mennesker. Aseksuelle personer kan opleve både ingen eller meget høj sexlyst. Dem der oplever høj sexlyst udlever den ikke med andre, men tyr til for eksempel onani i stedet. Aseksuelle kan sagtens indgå i en seksuel relation for at tilfredsstille en partner, få børn eller noget tredje, men selve lysten til sex med et andet menneske er der som udgangspunkt ikke.

Nogle kæmper kraftigt for, at man burde sige **LGBTQIA+**. Det er muligvis rigtigt, men ingen kan huske remsen alligevel. Bliver man ved med at forlænge den, kommer det efterhånden til at ligne en diagnose. Alle er dækket ind under det lille +.

Det efterfølgende kapitel omhandler sex, men inden vi når så langt, er der nogle begreber vi lige skal have styr på.

Hvis man ønsker at møde fyrene i den virkelige verden, fremfor på nettet, er det vigtigt at man bruger sin *Gaydar*. Det er i princippet en forkortelse for Gay-radar, og det henviser til den evne særligt homoseksuelle besidder. Mange af os kan nemlig spotte en homoseksuel artsfælle på flere kilometers afstand og inden for ganske få sekunder – ja, nogle gange på under et sekund.

Har man en god *Gaydar,* kan man på relativt kort tid spotte en anden homoseksuel ud fra et eller flere punkter. Det kan for eksempel være påklædning, gangart, frisure eller udseende generelt. Det er faktisk ganske svært at forklare, hvordan det hænger sammen.

Jeg besidder selv en ekstremt velfungerende *Gaydar*, og jeg kan med lynets hast spotte, om en anden mand (med stor sandsynlighed) er homoseksuel. Samtlige alarmklokker og lamper kan gå i gang på under et halvt sekund, og det er inden man reelt set når at tænke noget som helst. Man kan bare på en eller anden måde se og fornemme det.

Fungere din *Gaydar* ikke? Fortvivl ej, den bliver med stor sandsynlighed bedre med årene. Øvelse gør mester, som man siger.

Bøssebarer og online datingsider vil til hver en tid være den nemmeste måde at få kontakt til andre homoseksuelle på. Nogle begreber man meget hurtigt vil støde på, er nogle af de mange sex-begreber. Hvis folk skriver, at de "søger" følgende, betyder det:

NSA

No **S**trings **A**ttached. Det er meget simpelt – personen ønsker sex uden forpligtelser efterfølgende. Altså ikke noget med svigerforældre eller rundstykker og kaffe om søndagen.

Lige på

Søger man lige-på-møder, er det efter princippet "stik ind, stik ud, stik af". Man snakker altså ikke sammen som sådan, man går direkte til *dirty-monkey-dance*. Hurtigt ind og hurtigt ud.

Diskret

Er man diskret, betyder det ofte i det homoseksuelle miljø, at man ikke ønsker at vise billede af ansigtet, inden man mødes. Måske er man ikke sprunget ud endnu, det kan også være, at man er en del af en omgangskreds, hvor det ikke er acceptabelt. Mange muslimer er for eksempel diskrete.

BJ

Blow**j**ob. Det behøver vel ikke den store forklaring?

BB

Bare**b**acking. Dette er i princippet en betegnelse for at ride på en hest uden saddel. Det er naturligvis ikke det der menes, men det er alligevel derhen af. I stedet for en hest, omhandler det en fyr uden kondom – altså sex uden kondom.

Dette kan ikke anbefales! Homoseksuelle er (udover almindelige kønssygdomme) udsatte for hiv og aids. Det smitter gennem sæd, afføring og blod, og alle tre ting er i spil ved analt samleje. Sex uden kondom bør udelukkende praktiseres med en fast partner.

PrEP

En pille mod hiv. Pillen forhindrer hiv i at trænge ind i kroppens celler. Hiv og aids er i princippet det samme - hiv udvikler sig til aids, hvis man ikke bliver behandlet i tide, og det er det, man risikere at dø af. Bliver det til gengæld opdaget i tide, kan man med daglig medicinering fortsætte sit liv uændret.

Har man et aktivt sexliv med skiftende partnere, anbefales det, at man hiv-testes hver tredje måned. Det er gratis. En tid kan i øvrigt bestilles på aids fondets hjemmeside eller hos egen læge.

Poppers

En hurtigt fordampende væske man i gamle dage brugte som behandling mod hjertekramper. Poppers bruges ofte i det homoseksuelle miljø. Indånder man produktet begynder blodbanerne at udvide sig – i den forbindelse også ringmusklen. Poppers er i Danmark betegnet som et euforiserende stof, og af den årsag er det ulovligt.

NSFW

Not Safe For Work. En betegnelse der ikke bruges så ofte, men det der henvises til, er nøgenbilleder. Man kan, for eksempel på *Grindr*, tilkendegive på sin profil, om man accepterer at modtage "NSFW-fotos".

Nøgenbilleder er et meget almindeligt fænomen i det homoseksuelle miljø, og det kan til tider føles mere som en regel end en undtagelse. Jeg synes det er vigtigt, at man tænker sig godt om, inden man sender alverdens billeder ud på internettet. Du ved ikke, om personen på den anden side af skærmen er reel, og hævnporno bliver desværre et større og større problem i Danmark.

Har du ikke lyst til at sende nøgenbilleder af dig selv, så lad være. Man skal aldrig give efter fordi noget virker almindeligt – lyt altid til egen mavefornemmelse.

Cruising

Cruising er et helt særligt fænomen. Et cruising område er et sted, hvor homoseksuelle kan praktisere lige-på sex med folk de ikke kender. Det kan både være i en klub eller udendørs.

I cruising-klubber finder man typisk pornobiografer og små rum med hul til de ædlere dele – også kendt som et *gloryhole* – hvor der så sidder en ukendt på den anden side og giver et blowjob. Der kan også være *darkrooms*, som er store, åbne og helt mørke rum. Her må man mærke sig frem til en eventuel partner i mørket.

Der er også udendørs cruising områder. Et af de områder, som nok er bedst kendt i den store brede offentlighed, er Ørstedsparken i København. Efter mørkets frembrud har Ørstedsparken ry for at blive omdannet til et af Danmarks største cruisingsteder.

Derudover er strande og saunaklubber et typisk sted at *cruise*. Mange steder i verden finder man særlige saunaklubber til mænd – og her menes der mænd, der har sex med andre mænd. Klubberne er ofte indrettet med sauna, dampbad, jacuzzi og de faciliteter man ellers finder sådan et sted, men modsat andre steder, finder man også private kabiner, *darkrooms* og endda *gloryholes*. Fælles for stederne er, at sex kan dyrkes hvor end man lyster.

Chemsex / Chems

Et begreb der ofte bruges, hvis man søger sex eller sex-fester, hvor stoffer skal spille en central del af legen. Forstået på den måde, at man dyrker sex i narkotikapåvirket tilstand. Er man påvirket af stoffer, har man ikke behov for særligt meget søvn eller mad, og man kan derfor dyrke sex i længere tid end ellers. Far med lempe, hvis det vel at mærke er noget, du bare SKAL prøve.

CD

Cross**d**resser. En crossdresser er en person, som klæder sig ud i tøj, der umiddelbart forbindes til modsatte køn. Det kan for eksempel være en mand i dametøj. Forskellen på transkønnede og crossdressers er, at crossdressers ikke ønsker at skifte køn – de ønsker blot at klæde sig ud, i det modsatte køns tøj. Søger man transkønnede, crossdressers eller lignende online, vil det typisk skrives med forkortelserne;

CD – **C**ross**d**resser
TS – **T**ran**s**
TG – **T**rans**g**ender
TV – **T**rans**v**estit

Bum! Så fik vi styr på det. Hvis du er helt ny i gamet og står og skal i gang med at udforske, er du egentlig ret godt klædt på nu – i hvert fald i forhold til begreber, typer og forkortelser. Du vil ikke umiddelbart støde på noget, der ikke giver mening.

Jeg tror også det er på tide, at vi kigger lidt mere på det praktiske nu. Én ting er, hvordan vi interagerer med hinanden online, noget andet er når vi mødes i den virkelige verden. For hvordan er det at være en homoseksuel mand? Er der egentlig nogen forskel?

Vi starter nok lidt lummert ud, for hey, den del skal vi jo også igennem! Jeg har forsøgt at få så mange vigtige og nyttige ting med som muligt – dog pakket ind på en sober, pæn og respektfuld måde. Man kan også blive FOR detaljeorienteret.

VELBEHANDLET

HIV
SMITTER
IKKE

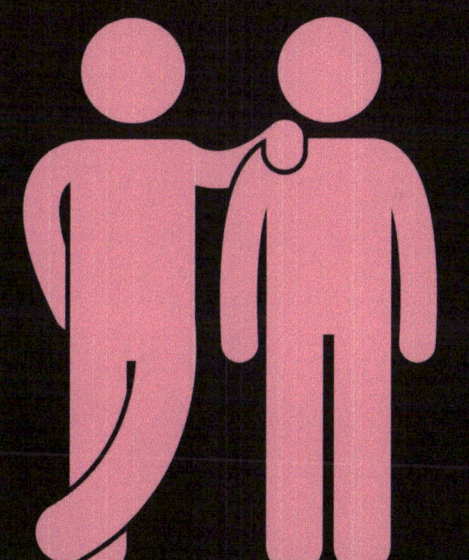

Kapitel 5

Sex

Først og fremmest – glem alt om porno, hvis du vel at mærke har set bøsseporno. Det ser legende let og komfortabelt ud, men virkeligheden er ofte en anden, især hvis man er helt ny i gamet. Porno er lavet så det er frækt at kigge på, ikke for at uddanne eller lære dig noget som sådan.

Vidste du, at hvis en pornoskuespiller stønner rigtig meget, så er det ofte fordi den stilling vedkommende står i, er fysisk hård og udmattende – ikke fordi det nødvendigvis er super rart? Den passive part i en pornofilm bruger ofte flere timer på at skylle sig i endetarmen, på den måde kommer der ikke "overraskelser" ud under optagelserne. Det vender vi straks tilbage til.

Hils i øvrigt på Torben og Kasper. Det kalder jeg de to figurer fra forrige side. Torben er ham, der står lidt nonchalant og læner sig op ad Kasper. Figurerne får navne her i kapitlet, på den måde er det lidt lettere at følge med i.

De skal til at have sex sammen for første gang. Kasper er lidt spændt og nervøs, han har aldrig prøvet det før. Torben har prøvet det før, så han er fyr og flamme for at komme i gang. I denne sammenhæng er Kasper passiv, mens Torben er aktiv.

Det er ingen hemmelighed, at homoseksuelle par har et hul mindre at arbejde med end heteroseksuelle par, derfor dyrker vi rigtig meget analsex. Bevares, det er der også heteroseksuelle der gør, men bestemt ikke alle. Mange har aldrig prøvet det, mens andre på ingen måde har lyst til at prøve det. For mange kræver det lidt tilvænning - i mange år har der været et ensrettet vejskilt i det område.

Inden Torben og Kasper går i gang med analsex, er det som regel en god idé lige at rense ud i tarmen, på den måde slapper Kasper mere af. Han skal ikke spekulere på eventuelle uheld.

Lad os bare være ærlige – der kommer afføring ud af røven, sådan er det ligesom. Det kan man ikke lave om på, men man kan gøre sit forarbejde til, at afføring ikke bliver en del af legen på lagnerne. Umiddelbart er der 2 måder, som er velkendte. Den første, og mest sikre måde, er *douching*. Det refererer egentlig bare til et bad i røven, lidt ala en tarmskylning. Det gør man med sådan en fætter her:

Produkt: Baseks Anal Douche 225 ml.
Pris: 99,-
Fundet hos sinful.dk

©Sinful.dk

Selve produktet (som i øvrigt er særligt populært i USA til thanksgiving, når kalkunen skal have væske) fylder man med vand, så smører man tuben med glidecreme og så er det ellers bare op med kalorius. Herefter trykker man vandet op i tarmen, og sætter sig på tønden. Alt vandet skal herefter trykkes ud igen, og selve proceduren gentager man 4-8 gange, eller indtil vandet er 100% rent.

Det kan være en god idé at sætte sig på hug hvis muligt, på den måde får man presset det sidste vand ud. Skulle den sidste smule vand ikke være klart, så er det desværre om igen. Er du i tvivl om positionen til sidst, viser Kasper gerne hvordan:

Har man dårlig og/eller tynd mave, ja så virker den her metode altså ikke. Så må man kaste håndklædet i ringen og erkende, at det nok er bedre at vente og prøve igen en anden dag. Ellers må man bytte roller med sin partner, hvis han ellers er frisk på det.

Den anden mulighed der er, og som mange homoseksuelle med stort sexbehov bruger, er produktet HUSK. Det er et naturprodukt i pulver eller pille form, som egentlig bruges mod irritabel tyktarm, let forhøjet kolesterol eller forstoppelse/diarré. Grunden til mange homoseksuelle tager HUSK, er, at produktet binder afføringen sammen. På den måde kommer ALT med ud, og der efterlades ingen rester i det stykke af tarmen man har sex med.

Det anbefales ikke at indtage HUSK på daglig basis uden pause, og man bør umiddelbart snakke med sin læge først, hvis det er noget man har tænkt sig. Det samme gør sig gældende med *douching*. Det ødelægger bakteriefloraen i tarmen, derfor skal det ikke gøres hver dag. Proffesionelle anbefaler *douching* maksimalt 2 gange om ugen, og gerne med længere mellemrum for at opretholde en naturlig bakterieflora.

Kasper har nu vasket sig, og de er så småt klar til at begynde. Lidt forspil er altid rart, så der begynder vi.

Ja okay, den sidste stilling er nok lidt speciel. Hvis du ikke kan kende forskel på dem, så er det Kasper der ligger øverst. Han får det, vi kalder et *rimjob*. Det betyder "at blive slikket bag i". Det er faktisk en ganske almindelig ting blandt homoseksuelle – ikke kun fordi røven nærmest er klinisk ren efter et *douch*, men også fordi det er en god (og meget lækker) måde at opvarme ringmusklen på.

Hvis ens allerførste gang med analsex skal dyrkes med et rigtigt menneske, fremfor et stykke legetøj for eksempel, kan det kun anbefales, at man gør det med en, der ved, hvad han laver.

Ringmusklen er en muskel som navnet også antyder. Man kan IKKE bare køre genstande derop sådan uden videre, den skal stille og roligt varmes op. Der skal flere aspekter i spil for at få så god en oplevelse som muligt, blandt andet afslapning og glidecreme. Rækkefølgen er ikke ligegyldig.

Afslapning

Slapper Kasper ikke af, slapper hans muskler heller ikke af. Det er tæt på umuligt at opvarme et anspændt røvhul. På flere måder. Han skal finde en position, hvor han slapper fuldstændig af, herefter skal han stole på Torben. Det er vigtigt, de kommunikerer med hinanden undervejs. Sex skal være rart for begge parter, ikke kun den ene.

Glidecreme

MASSER AF GLIDECREME! Man skal ikke gå ned på *lube*, som det også kaldes. Lad det svømme i glidecreme. Der må virkelig ikke mangle noget. Lad både satan og helvede stå i glidecreme til anklerne - brug endelig løs! Vi genererer ikke naturligt væske bag i, som det for eksempel er tilfældet hos kvinder i skeden.

Husk, at der findes forskellige former for glidecreme - silikonebaseret, vandbaseret og en fusioneret.

Der er fordele og ulemper ved de to første. Silikone-baseret glidecreme fungerer sjældent med sexlegetøj, vandbaseret glidecreme tørrer hurtigere ud og den tredje løsning har taget fordelene fra begge varianter. Glidecreme kan i øvrigt købes i helt almindelige butik-ker, for eksempel hos Matas.

3, 2, 1 – action!

Kasper er klar til at få udvidet ringmusklen nu. Tor-ben er udvidelsesminister. Fremgangsmåden herfra vil variere meget fra person til person. Er man fuldstæn-dig splinterny som Kasper, vil jeg nok anbefale, at man starter med en finger. Herefter endnu en finger, og så er man så småt ved at ramme en gennemsnitlig penis størrelse. Tålmodighed er et sindssygt vigtigt element i analsex, og Torben må ikke blive for utålmodig. Bliver ringmusklen udvidet for hurtigt, kan det være helt eks-tremt smertefuldt, og lige præcis derfor er tålmodighed og gensidig respekt et vigtigt redskab. Husk, at det skal være rart for begge parter.

Når ringmusklen er ordentlig udvidet, kan den "traditionelle sex" begynde, hvis man ellers kan tillade sig at kalde den det. Første stilling Kasper og Torben viser, har Kasper det meste af styringen. Det er en god stilling at starte i, hvis man er ny, for på den måde kan man vænne sig til følelsen, og samtidig selv styre tem-poet.

Når Kasper har vænnet sig til det, kan han overlade styringen til Torben. Så kan det for eksempel komme til at se sådan her ud:

Yes, du skal ikke komme her og sige, at du ikke har fået noget for pengene. Du havde nok ikke forventet at se manden fra lyskrydsene blive gennempulet for fulde gardiner? Tja, sådan kan man jo blive overrasket en gang imellem.

Kasper og Torben er heldige at have fundet hinanden. Historien melder selvfølgelig intet om, hvor de har fundet hinanden henne, men hvis de ikke umiddelbart har snakket om sex, inden de gik i gang, er det på sin vis "heldigt", at Torben var aktiv, og Kasper det modsatte, for det er vores evige hurdle.

Vi homoseksuelle kan ikke bare knalde hinanden på kryds og tværs (selvom det til tider ser sådan ud), uden på en eller anden måde at snakke om det først. Vi er nødt til lige at afklare med hinanden, hvem der er hvem. Det er lidt ligesom med legoklodser - man finder lige ud af, om man kan passe sammen.

Det er en ting heteroseksuelle sjældent tænker over. Hvis man har en god homoseksuel kammerat,

som for nylig har besøgt en fyr, og man spørger ham
"knaldede i så?", så er der en chance for, at svaret hver-
ken er helt ja eller nej. Forklaringen er, at de med stor
sandsynlighed fandt ud af, at de foretrak samme posi-
tion under sex. På den måde sker der det samme som
med legoklodser – man har bare fået fat i en klods, der
ikke passer.

Grunden til, at han også svarer en smule ja, er
fordi, det nok bare forblev ved blowjobs og berøring.
Det tæller vi sjældent med som "rigtig sex". Derfor er
det heller ikke ualmindeligt, at Torben og Kaspers for-
spil er det eneste man får ud af en potentiel date. Klod-
serne skal passe sammen, og det gør de bare ikke altid.

Der er en helt særlig grund til, at mænd finder analsex
rart. At nogen er aktiv, passiv eller midt i mellem, er
der en milliard forskellige grunde og årsager til, men
samtlige mænd har deres g-punkt siddende et lille
stykke oppe i skattekammeret – også kaldet prostata.
De fleste har hørt om prostataen før, for eksempel i
forbindelse med prostatakræft, men den lille "valnød"
kan være skyld i himmelråbende nydelse.

Mange mænd tror, vores orgasmer kommer når
vi får udløsning under sex, men har man først prøvet
en prostata-orgasme, ved man, hvad en orgasme er.
Mange forskere mener, at en prostata orgasme minder
om den orgasme, kvinder kan få, og den er altså mar-
kant stærkere end ved en almindelig udløsning.

Hvis du skulle være i tvivl om hvor/hvordan/

hvorledes, så får du lige en illustration her:

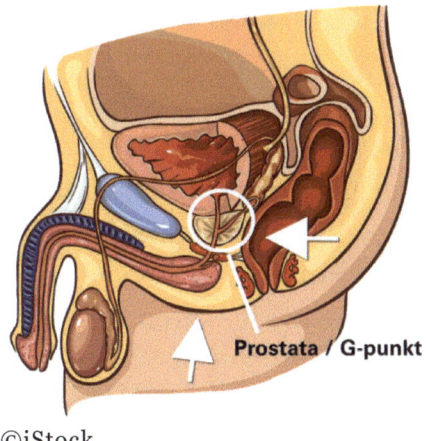

Prostata / G-punkt

©iStock

Prostataen er på størrelse med en valnød, og dens egentlige funktion er at producere sædvæske. Når man bliver stangliderlig – ligesom Torben og Kasper lige var – så svulmer den op, og den bliver mere følsom overfor tryk og berøring.

Man kan massere den på to forskellige måder, enten ved at presse ind med fingrene mellem ringmuskel og løgpose, eller ved at gå den "korrekte" vej gennem røven. Tager man den nemme løsning ved mellemkødet, skal man ikke forvente nogen orgasme. Den kan masseres, og man er højst sandsynligt ikke i tvivl, når man rammer den.

Går man derimod gennem røven, kan man passende eksperimentere lidt med sig selv, kun på den måde bliver man klog på, hvor den gemmer sig.

Det klart nemmeste, er at bruge en finger. Her skal der en smule præcision og tålmodighed til. Som det kan ses på billedet, sidder prostataen ikke inde i tarmen, men derimod lige bagved.

Fingeren skal omkring 5 centimeter op (HUSK GLI-DECREME!), hvorefter man bøjer den mod maven. Man skal forestille sig, at man skal kradse et gammelt klistermærke af et vindue – for Guds og fædrelandets skyld ikke med samme kraft – men fingeren skal krumme på den måde.

Efter lidt tid skal man nok finde den. Det er umuligt at svare på, hvordan det føles, men hvis man pludselig får en sjov følelse, man ikke umiddelbart kan sætte ord på, så er man der muligvis.

En prostata orgasme er ikke nem at få, så man skal ikke give sig i kast med det, hvis man kun har 5 minutter. Man skal gerne være opstemt, afslappet og derudover kende sin krop og dens funktioner. Det kan anbefales at bruge en speciel prostata vibrator. Sådan en er konstrueret til at ramme og massere prostata fuldstændig spot on, og den er helt ideel hvis man gerne vil øve sig alene.

Ønsker man at få masseret prostata under sex, skal partnerens penis stødes indad, fremfor opad. Altså mod maveregionen. På den måde masserer han prostata, for hver bevægelse han laver. Hvis man ser illustrationen fra før, kan man se, hvorfor det giver mening at ramme på den måde, i stedet for "lige op".

Mange bliver forvirret over de signaler kroppen sender, når man masserer sin prostata. Et godt råd vil være, ikke at tænke for meget over det. Det er for eksempel meget normalt pludselig at føle tissetrang, og det får mange til at stoppe. Man kan dog være ganske rolig – man ender ikke med at pisse udover det hele, det er tværtimod et tegn på, at man er på vej mod en prostata orgasme. Fortsæt endelig!

Man er ikke i tvivl når det sker – og man kan blive ved med at massere, orgasmerne kommer bare i en lind strøm. Modsat en udløsning, kan man ved en prostata orgasme blive ved med at komme, hvis man vel at mærke bliver ved med at massere.

Mange af mine veninder fortæller mig, at deres kærester godt kan lide at få en finger op i røven, lige inden de kommer under sex. Det er der en fantastisk god forklaring på – en udløsning føles nemlig ekstremt god og kraftig, hvis prostata bliver rørt ved samtidig.

Prostata massage virker faktisk også forebyggende mod kræft i prostata, men da det stadig er et tabubelagt emne, er der mange mænd der ikke gør sig i den slags – så hey, spread the word! Få så gang i de røve der. Udløsningen bliver endda dobbelt så kraftfuld! Altså what's not to like...

Giver det mere mening, hvorfor analsex er særligt dejligt for mænd? Kvinders g-punkt sidder ikke samme sted som vores, og følelsen af analsex kan derfor ikke nødvendigvis sammenlignes. Kvinder kan dog sagtens nyde analsex alligevel, så i giver den bare gas.

Netop det at sammenligne, får mange mennesker til at stille spørgsmål. Det kan være svært at få placeret tingene i de korrekte kasser, og det bliver det næste vi skal have kigget på.

I ROMERRIGET VAR
HOMOSEKSUEL
SEX ALMINDELIGT
- SÅ LÆNGE
MAN VAR DEN
AKTIVE PART

Spørgsmål & Myter

Kapitel 6

Spørgsmål & Myter

Spørgsmål er der gudhjælpemig mange af! Hvad der næsten er endnu flere af, er holdninger. Utroligt mange har en holdning til et eller andet ligegyldigt, og det er på trods af, at de ikke aner noget om det. Det er ret nemt at påtage sig en holdning om noget, uden sådan reelt at vide så meget om det, og det ligger vi homoseksuelle øre til ret ofte.

Årsagen til de mange spørgsmål er ofte nysgerrighed, men det kan også være et forsøg på at be- eller afkræfte egne holdninger og fordomme. Nogle har også en idé om, hvordan sex for eksempel foregår, og så spørger de for at finde ud af, om det virkelig er rigtigt. Jeg har tit prøvet at besvare sex-spørgsmål, hvor det er relativt tydeligt at se, at modtageren ikke havde behøvet et SÅ detaljeret svar.

Som jeg tidligere har skrevet, spørger jeg altid, om folk kan tåle at høre det ærlige svar. Hos mig får man fuld valuta – ingen smalle steder dér! Jeg ser ingen grund til at pakke det ind.

Jeg kender homoseksuelle, der hader at besvare de mange spørgsmål, og jeg forstår dem til dels godt. Når man konstant bliver spurgt om det ene latterlige spørgsmål efter det andet, bliver man også mindet om, at man er den "unormale" – for det er hvad man er. Hvis det var helt normalt, ville folk jo ikke spørge. Samtidig mener jeg dog, at spørgsmålene er med til at fremme forståelse og normalitet omkring homoseksualitet, og derfor svarer jeg med glæde på dem. Også selvom det er de samme spørgsmål, jeg svarer på igen og igen og igen.

At være åben og besvare spørgsmål gør ikke alene homoseksualitet til noget 100% normalt – der skal mere til. Vi skal have flere homoseksuelle par i film og tv-serier. Vi skal turde have homoseksuelle par som reklamesøjler. Stort set al romantik og kærlighed i tv, magasiner eller på reklamer i den store brede offentlighed, omhandler et heteroseksuelt par. Bevares, der er ved at ske noget, vi går i hvert fald i den rigtige retning. Men der er lang vej endnu. Som i virkelig lang vej endnu, inden vi kan snakke om normalitet.

Vi skal have også flere bøger (host-host). Vi skal turde forklare os, hvis ikke på den ene måde, så i hvert fald på den anden. Jeg mener, det er vigtigt at begynde tidligt, så særligt børn og unge lærer, at det er meget almindeligt når mennesker forelsker sig i en af samme køn. Det er netop i teenageårene, man begynder at lære sig selv at kende på den seksuelle måde, og får man allerede her en idé om, at man er helt forkert på den, så får det med stor sandsynlighed nogle konsekvenser senere i livet. Først laver man sig om for at passe ind i mængden, herefter er der ikke mange år til man står og shopper nede i våbenbutikken. Skjoldet skal pyntes.

Man rammer højst sandsynligt bunden på et tidspunkt, og så må man bare bede til Moder Theresa, eller hvem man nu kan komme i tanke om – der skal en god økonomi til at finansiere de psykologbesøg, eller en god psyke til at komme igennem uden.

Med andre ord SKAL der gøres noget. Det er en kæmpe misforståelse at tro, at livet bare skal gøres nemmere for dem, som allerede ér sprunget ud. Det er alt for sent. Vi er nødt til at få vist, og forklaret dem mange år inden det, at det faktisk er helt okay. Det er ikke noget man behøver at skamme sig over.

Er man typen, der bærer på diverse fordomme om homoseksuelle, så ønsker man ikke at starte en diskussion med mig. Man bliver savet midt over – det kan jeg garantere for. Inden det kommer så vidt, så lad os få afmystificeret vores seksualitet en smule. Jeg har lidt iskold fakta og typiske spørgsmål klar.

"

Jamen, har du nogensinde været sammen med en pige?

Nogen tager sig endda den frihed at følge op med et:
"Måske du bare aldrig har fået et rigtig godt slag fisse!"

Spørgsmålet er lidt tumpet. Man er jo ikke homoseksuel, fordi man aldrig har været sammen med en pige. En heteroseksuel mand er jo heller ikke heteroseksuel, fordi han aldrig har været sammen med en mand.
　　Det handler rigtig meget om tiltrækning, og ikke nødvendigvis om erfaring.
　　Jeg hører til blandt dem, der rent faktisk har været sammen med en pige. Når jeg siger det, ved jeg med 100% sikkerhed, hvad næste spørgmål bliver.
"Og det kunne du så ikke lide eller hvad?!"

Korrekt!

"

"

Er du så manden eller damen?

Åh ja, den gode gamle klassiker. Det forkvaklede forsøg på at få det hele til at give lidt mere mening – for det "normale" er selvfølgelig, at der er en mand og en dame.

Svaret på livets store spørgsmål er – nej. Bare nej. Jeg er homoseksuel, derfor er ingen damen. Jeg er en mand, der er tiltrukket af andre mænd, så pænt nej tak til damen.

Som vi har været inde på før, så handler spørgsmålet som regel om, hvem der bliver bollet, og hvem der boller.

Hvorfor er det overhovedet vigtigt? Jeg har aldrig rigtig forstået det, udover det faktum, at folk bare er nysgerrige. Jeg kan egentlig ikke se, hvad min position i sengen kommer andre ved, men alligevel svarer jeg som regel på det. Dog ikke uden at anfægte selve måden at spørge på. Kan jeg gøre mit til, at en anden homoseksuel ikke får samme tossede spørgsmål i fremtiden, så er jeg da forpligtet til det.

"

Er du bøsse? Du skal møde min bedste ven, det er han også! Måske du allerede kender ham?

Det er egentlig sødt nok – som regel vil vedkommende kun en det bedste, men jeg finder ikke nødvendigvis din ven interessant, bare fordi vi har samme seksualitet. Det er ligesom meget rart med andre fælles interesser end bare dét. Jeg sætter jo heller ikke mine heteroseksuelle bekentskaber sammen på kryds og tværs.

Det er også en gammel traver, at homoseksuelle med stor sandsynlighed kender hinanden. Det er, som om folk tænker, at vi er meget få medlemmer i klubben, så vi burde nok alle kende hinanden – det gør vi altså ikke. Det siges, at lidt over 5% af Danmarks befolkning definerer sig som homoseksuelle, og jeg kender altså ikke over 5% af hele Danmark!

"

"

Ville du ønske, du var født med et andet køn?

Igen – det er i princippet en meget sød tanke, men spørgsmålet kan meget nemt føles forkert.

Det er typisk feminine mænd, der får spørgsmålet, og grunden til spørgsmålet nemt kan føles forkert, er, at spørgsmålet lidt hentyder til, at det er forkert at være mand og feminin på samme tid. Selvfølgelig er det ikke forkert.

Jeg vil generelt anbefale, at man træder meget varsomt her. Man kan også spørge, om det er hårdt at være anderledes, det vil man i mange situationer kunne få en langt mere interessant samtale ud af – på den præmis, at vedkommende så også føler sig anderledes. Synes vedkommende ikke selv, at han er anderledes, ja så har man lidt dummet sig uanset hvad.

Men - det at være mand OG feminin, betyder altså ikke, at man har lyst til at skifte køn.

"

Hvorfor er de flotteste mænd altid homoseksuelle?

Bullshit. Det er vi kæmpe meget uenige om! Ikke forstået på den måde, at vi synes homoseksuelle er grimme, men vi føler næsten altid, at de flotteste mænd er heteroseksuelle. Måske det hænger sammen med, at man nogle gange gerne vil have det, man ikke kan få?

Vi kan godt blive enige om, at vi generelt går pænt klædt, er velsoignerede og derudover gode til at vise følelser. Det er ofte det, kvinderne falder for, ved de homoseksuelle mænd.

Som jeg plejer at sige: Selvfølgelig er vi gode til at gøre noget ud af os selv. Vi har ikke brugt alle de år i skabet på ingenting!

"

66

Homoseksuelle burde ikke få børn. Børn bør have en mor og en far!

I princippet må man gerne have den holdning, men der er intet faktuelt bevis for, at børn "har bedst af at have en mor og en far".

Mange (særligt den ældre generation) mener, at børn bør have en mor og en far, fordi de tror, de har bedst af det. Sådan har det ligesom altid været, og det er jo gået meget godt indtil videre?

I 2010 nærstuderede man 3500 børn, som alle levede i en husholdning med forældre af samme køn. Studiet viste tydeligt, at børn fra disse husholdninger/familier var på præcis samme faglige niveau som alle andre børn. De klarede sig ikke bedre, men heller ikke dårligere. Altså – det gjorde ingen forskel overhovedet.

Der er foretaget næsten 100 forskellige studier på området, og resultaterne er tydelige. Det har ingen betydning overhovedet.

"

Man er jo ikke født homoseksuel!

Som tidligere skrevet, så ved man ikke med sikkerhed, hvorfor nogle er homoseksuelle. Man har studeret området utroligt meget, og det man indtil videre er kommet frem til, er, at det er en blanding mellem biologi og miljø. Det er altså ikke et bestemt gen, en bestemt opdragelse eller noget tredje, som man bliver homoseksuel af. Der er mange forskellige faktorer.

Senest har vores svenske naboer foretaget verdens største studie på tvillinger, hvor man samtidig undersøgte seksualitet – og de kom til samme konklusion. Der er noget genetisk, der spiller ind, men også tilfældige ting i det miljø man vosker op i, uden umiddelbart at kunne komme nærmere ind på, hvad det så skulle være.

En ting er dog sikkert – vi vælger ikke selv vores seksualitet.

"

Jeg har ikke noget imod det, men skal i skilte sådan med det hele tiden?

Den her kommentar kan virkelig irritere mig. For hvis du ikke har noget imod det, hvorfor irritere det dig så, at det er der? Og så synes jeg i øvrigt slet ikke der bliver skiltet med det – ikke hvis man da ellers sammenligner med de heteroseksuelle. De skilter med det konstant og hele tiden. Holder i hånd på åben gade, er med i film, tv og i reklamer. Bla bla bla - du ved, hvor jeg vil hen.

Halvdelen af alle homoseksuelle tør ikke engang gå hånd i hånd ned af gaden. Dobbelt så mange homoseksuelle overvejer selvmord, i forhold til heteroseksuelle. Synes du virkelig, skiltningen er for meget? Jeg synes, den er for lidt.

Hvis du ikke mener, dine hornhinder kan holde det ud, så har du tydeligvis et problem, du prøver at skjule. Problemstillingerne bliver på ingen måde mindre af, at vi gemmer os væk. Tværtimod.

"

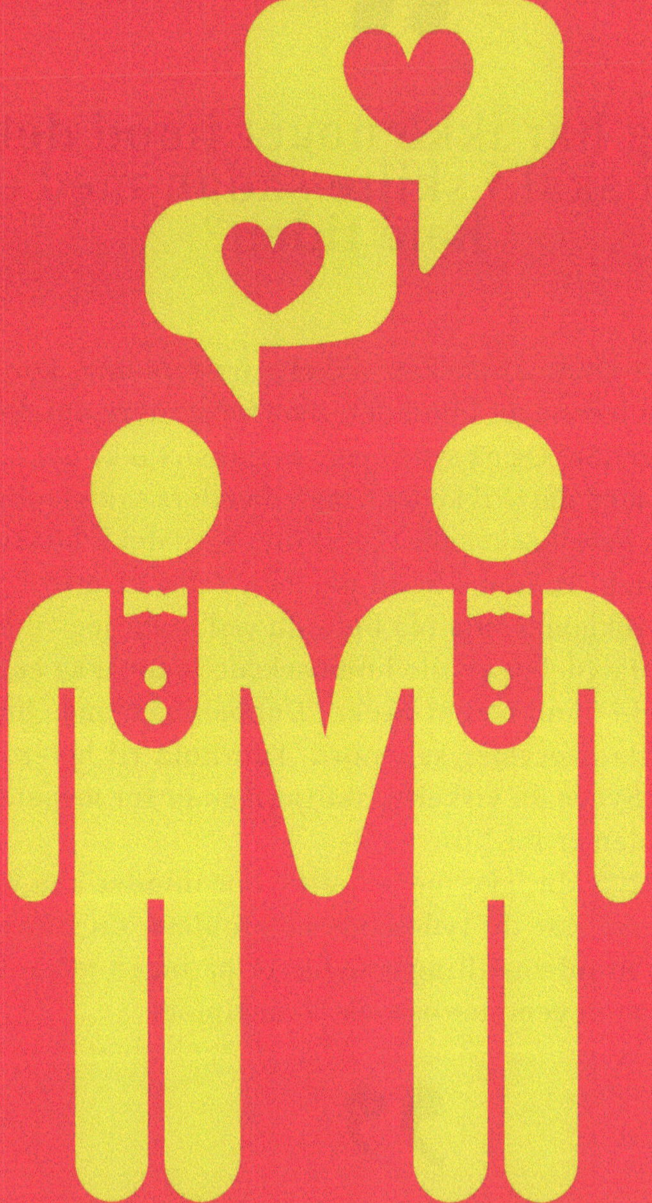

FORSKELLEN

Kapitel 7

Forskellen

J a, hvad er forskellen egentlig? Det er ikke et nemt spørgsmål. Selvfølgelig er der forskel på os – alle mennesker er jo unikke og deres egen, men jeg har personligt brugt utroligt meget tid på at tænke over, om der mon overhovedet er særligt stor forskel på, hvordan livet arter sig. Nu ved jeg, hvordan mit livet er gået indtil videre som en homoseksuel mand, men havde det været det samme, hvis jeg var heteroseksuel? Gu' havde det ej.

Det skal ikke være nogen hemmelighed, at jeg i meget lang tid havde den holdning, at hvis jeg kunne skifte til at være heteroseksuel – uden noget andet ved mig blev lavet om – så havde jeg gjort det. Alt virkede bare SÅ meget nemmere som heteroseksuel. Nok også lidt mindre skamfuldt, når alt kommer til alt.

Til historien skal det nævnes, at jeg har brugt størstedelen af mit voksne liv i udlandet, særligt i lande, hvor homoseksualitet ikke er så acceptabelt som i Danmark. Det tror jeg har præget mig en smule, for jeg har næsten ikke omgivet mig med andre homoseuelle. Kun sjældne gange har jeg boet i områder, hvor der var steder vi kunne mødes, ellers var mit "homoseksuelle liv" meget online-baseret. Lige indtil jeg flyttede permanent tilbage til Danmark – så skete der lidt.

Vi er nået rigtig langt i Danmark. Man føler klart en større accept i samfundet generelt, men det gør ikke nødvendigvis, at man føler sig mere komfortabel med sig selv og sin seksualitet.

Jeg var 19 år gammel, da jeg sprang ud, og på daværende tidspunkt boede jeg i Egypten. Jeg hørte om folk, som var blevet slået ihjel af deres egne forældre, udelukkende på grund af deres seksualitet. Jeg mødte ingen – som i absolut ingen – der synligt var homoseksuelle. Den begyndelse i den homoseksuelle verden gjorde dét for mig, at jeg var langt mere *out and proud* på internettet, end jeg var i virkeligheden. Jeg turde simpelthen ikke at sige det højt, i frygt for at miste respekt.

I dag ønsker jeg ikke at skifte seksualitet, hvis det ellers var en mulighed. Det kan godt være, livet ville være nemmere på nogle punkter, men jeg er blevet ret bevidst om, hvem jeg er, og hvad min seksualitet gør for mig – og ikke gør for mig. Jeg har levet et fantastisk liv indtil videre, og jeg ved med sikkerhed, at det ikke havde været det samme, hvis jeg var heteroseksuel.

Vi har generelt den holdning, at "vi har det sjovere". Jeg ved ikke hvor meget man egentlig kan ligge i det, til tider tror jeg, det handler om, at mange homoseksuelle mænd kan vinde guldmedaljer i at flygte fra dårlige og negative følelser. Jeg tror, det er en evne vi har opbygget gennem teenageårene, hvor vi jævnligt kæmpede med forestillingen om, at vi var meget anderledes end alle andre. På den måde bygger man et våbenskjold op. Alt skal fremstå perfekt og lækkert, og det at "tabe ansigt" bliver ens værste mareridt.

Når det så er sagt, så tror jeg også der (til tider) er noget om snakken. Det handler dog ikke så meget om at have det sjovere, men mere om at have et rigere liv. Vi er ikke bange for at skille os ud, prøve nye ting og udforske grænser. Jeg tror, det handler om det faktum, at vi – ofte i hvert fald – ret tidligt i livet må acceptere, at vi er en smule anderledes end de fleste. Det bliver på en måde normalt at undersøge og udforske det unormale, og deraf finder man nok en forskel. Den forskel, at mange af os er synligt excentriske. Det giver - hvis du spørger mig, et rigere (og sjovere) liv.

En ting vi gerne gør brug af, er det såkaldte bøssekort. Man kan så at sige "smide bøssekortet". Det er som regel det perfekte forsvar, når man vil bryde forestillingen om den "normale maskuline mand". Personligt sidder bøssekortet ganske løst i lommen på mig, jeg bruger det flittigt.

Det går simpelthen ud på, at man forsvarer sin handling med "jeg er homo – jeg må gerne!" Lad os tage et par eksempler.

Ej, bruger du make-up?!

Make-up er ikke kun til kvinder.

Jeg kan sagtens finde på at bruge lidt make-up. For eksempel inden jeg skal i byen, inden et foto-shoot eller noget tredje. Det får huden til at se mere blød, jævn og lækker ud. Det vil de fleste heteroseksuelle mænd nok give mig ret i, selvom de hellere vil brække et ben end bruge det selv.

Sidder de ikke lidt stramt, de bukser?

Tjoe, det kan sgu godt være. Tjekker du lige, om der er blodtilførsel til fødderne eller hvordan? Stramme bukser er min favorit, når det kommer til bukser. Selvfølgelig skal det også se pænt ud – man skal ikke vælge så stramme bukser, at diller og nossekugler skaber sit helt eget abstrakte mønster.

Hvad helvede er det for noget musik?

Mange bøsser ELSKER det, nogle kalder "tø-semusik". Især kunstnere som Lady Gaga, Ariana Grande og Cher ligger øverst i homo-bunken på Spotify. Musikken er kæmpe vigtig os!

Særligt musik er en ting mange homoseksuelle har tilfælles, og hvor man ofte finder en ret tydelig forskel.

Der findes én dag om året, som kaldes "bøssernes juleaften" – finalen i Eurovision Song Contest. Det er, på mærkværdig vis, gået hen og blevet en homo-ting. Jeg er ikke helt med på, hvad der er skyld i det, men det er noget med sammenhængen mellem ekstrem pop, forskellige lande og pointuddelingen som tiltaler mange. Eurovision har også altid været kendetegnet ved at være ekstremt inkluderende – det kunne muligvis også være derfor, vi er hoppet med på vognen.

Generelt er vi glade for konkurrencer, også at stille op i dem. Når vi stiller op i konkurrencer, er det ikke så påfaldende, at det netop er musik, dans og performance vi generelt befinder os bedst i. De fleste homoseksuelle mænd tager gladeligt imod et bifald!

En kunstart, der særligt er domineret af homoseksuelle, er Drag-performance. En drag performer kaldes også en "Drag Queen" – som regel en mandlig entertainer, klædt på i tøj og make-up, der skal være associeret med det kvindelige køn.

En Drag-performance skal udelukkende ses for hvad det er – et show. Et show, der oftest består af sang og dans. En Drag Queen kan både være seriøs og følelsesladet, men også helt modsat, for eksempel satirisk og komisk i sit show.

Jeg oplever desværre ret ofte, at folk tager afstand til Drag Queens og deres kunnen. Nogle forbinder mænd, der klæder sig sådan ud, som dumme og uintelligente. Det er selvfølgelig fuldstændig hul i hovedet. Det er vitterligt helt almindelige mennesker som alle andre. En Drag elsker at underholde andre mennesker, på samme måde som en stand-up komiker gør. Man klæder sig i øvrigt ikke ud som Drag Queen, fordi man har lyst til at være en kvinde – man gør det, fordi det er sjovt. Performeren har det sjovt, publikum har det sjovt. Er jeg den eneste, der ikke kan få øje på problemet?

Mænd der klæder sig ud som kvinder (og omvendt), er et af de mest brugte kneb i dansk komiks historie. Søs & Kirsten, Rytteriet, Dirch Passer, Ulf Pilgaard og jeg kunne blive ved. De sketchs vi griner mest af, er som regel dem, hvor vi karikerer det modsatte køn. Det er bare skide sjovt.

Personligt ville jeg ønske, at flere tog ud og oplevede lidt af den her verden. Så ville de ret hurtigt opdage, hvor sjovt det kan være, og at de gerne må være med. Det er ikke en lukket klub, man behøver ikke være homoseksuel for at være Drag Queen – eller for at se et Drag show for den sags skyld.

At smide bøssekortet er mest en sjov ting, i mine øjne. Det mest tankevækkende er, at det overhovedet er nødvendigt. Det siger lidt om folks opfattelse af, hvad en "normal mand" er for en type. Det er lige præcis andre menneskers forestillinger og forudindtagethed, der skaber de største forskelle, og som gør det hårdt at acceptere, at man måske ikke er som dem omkring sig.

Jeg har virkelig mange gange hørt sætningen;

"Nå, jamen du skal da også have kone og børn en dag?"
Eller for eksempel den her;
"Du kan jo give den til din kæreste, hvis du har sådan en..."

Altså hvad skal jeg sige? Det er et dilemma hver eneste gang.

Det er primært mennesker, jeg møder gennem mit arbejde, der stiller spørgsmålene, men jeg får aldrig sagt det ærlige svar. Jeg tør simpelthen ikke sige nej. Mest af frygt for at ødelægge stemningen, men også fordi jeg ikke bryder mig om, når folk ikke kan lide mig, baseret på så ligegyldigt et grundlag. Altså at folk ikke kan lide mig, er jeg egentlig fuldstændig ligeglad med, men jeg synes det er ubehageligt, hvis jeg tydeligt kan mærke, at det er på grund af min seksualitet.

Mange homoseksuelle har nok prøvet på et tidspunkt i deres liv, at en person pludselig skifter kropsholdning, opførsel samt ansigtsudtryk så snart de finder ud af, at man er homoseksuel. Munden snører sig sammen som en hønserøv, og armene ryger over kors. Ja, personen udvikler sig nærmest til en snobbet bankmand på en fredag med overarbejde. Det er bare ubehageligt. Mange af os går rundt med en skam-konto, som vi desperat prøver at få tømt og lukket hos førnævnte bankmand, men oplevelser som dem, får kun kontoen til at vokse.

Når folk sender deres forudindtagethed afsted mod mig, prøver jeg så vidt muligt bare at nikke og smile, i håb om, de ikke stiller yderligere spørgsmål. På den måde føler jeg, at jeg hverken siger ja eller nej.

Mit ønske til fremtiden er, at den slags glider ud i sandet. Jeg kan vitterligt ikke se meningen med, at folk opdigter og skaber en fremtid oppe i hovedet på dem selv. De gør det jo ofte om en person, de ikke engang kender særligt godt. Altså, en ting er at forestille sig et andet menneskes fremtid, noget andet er da at ytre den med vedkommende. Det skal man seriøst holde op med. Jeg spørger jo heller ikke alle ældre mennesker, hvad de vandt til banko i sidste uge – for selvfølgelig findes der ældre mennesker, der ikke går til banko. Det er ren logik jo...

Alle har efterhånden forstået, at det ikke er alle mænd der elsker fodbold, øl og videospil. Så mangler vi bare at få de sidste til at forstå, at det heller ikke er alle mænd, der ønsker sig en kone. Der er mange homoseksuelle, som faktisk gerne vil giftes og have børn – det skal selvfølgelig bare ikke være med en kvinde, og der lever vi heldigvis i et land, hvor der er muligheder.

De reelle forskelle der er, opleves når man lever livet. Der ikke forskel på os som mennesker, der er vi fuldstændig ens, til trods for, vi alle alligevel er forskellige. Vi har alle følelser. Vi kan alle være kede af det. De fleste kan mærke kærlighed, tryghed og fællesskab. De fleste kan mærke had, utryghed og mobning.

Der er ikke forskel. Vi lever forskelligt – bevares, og gudskelov for det da. Verden ville være kedelig, hvis vi allesammen gjorde og ville det samme.

Jeg kæmper generelt for, at folk bliver bedre til at passe deres egen tallerken. Hvordan andre mennesker lever deres liv er fuldstændig ligegyldigt, når alt kommer til alt. Jeg lever på den måde jeg gør, fordi det gør mig lykkelig. Det kan umuligt gøre dig ulykkelig, at jeg lever på den måde, jeg gør.

Altså, jeg er ikke skide glad for fodbold, men irritere det mig, at andre mennesker går til fodbold? Ikke det fjerneste. Det rager mig en skid, for at være helt ærlig. Synes andre det er sjovt, så fred være med det. Forhåbentlig går vi en fremtid i møde, hvor freden også er med os, der forelsker os, i en af samme køn.

Folk vælger jo selv, om de vil gå til fodbold, håndbold, badminton eller om de vil vinde guldmedaljer i flest spiste tarteletter på 20 minutter. De vælger også selv, om de vil lade være. Jeg valgte ikke selv at blive homoseksuel, og i lang tid kunne jeg ikke forlige mig med det. Eller, det er egentlig nok så meget sagt, jeg havde nok mere problemer med at finde mig til rette i det, og ikke skamme mig over det.

For at opsummere det, så ligger problemet i, at vi som homoseksuelle vokser op med de samme normer som alle andre i samfundet. Vi er jo ikke opdraget anderledes end så mange andre - hvilket vi i øvrigt heller ikke forlanger - men havde mange af os vokset op med et mere nuanceret (og normaliseret) billede af virkeligheden, havde det gjort en stor forskel.

Når ens seksualitet begynder at udvikle sig, og man opdager noget er anderledes, så får man sin tænker på. På et tidspunkt erkender man, at man ikke kommer til at leve på den måde som hele verden forventer, hvis man vel at mærke vælger at erkende det. Der kunne det være rigtig lækkert, hvis verden ikke havde så forstokkede og fastlåste forventninger.

Det resulterer ofte i en identitetskrise. Nogle kommer over den relativt hurtigt – andre shopper våben til regnbuen, som for alt i verden ikke må mistes. Det er illusionen om at være umulig at elske, der skaber et fremragende eksemplar af en homoseksuel mand med styr på alt i livet – lige indtil han taber et våben mod sin vilje. Så er det samme illusion, der smadrer ham fuldstændig.

På en måde skal man "genopfinde" sig selv, for en masse af de basale ting man er vokset op med, bliver nulstillet. Følelser, kærlighed og sex hænger ikke nødvendigvis sådan sammen, som man har set det i fjernsynet. Man skal ikke spekulere i, om sex uden kondom skaber nyt liv – man kan derimod frygte, om en sygdom er ved at tage ens eget. Manden plejer at betale på første date, så... Hvem betaler?

Det kan være noget af en omvæltning. Mange har intet at relatere til, ingen at spejle sig i eller sammenligne med. Man er bare vokset op som homoseksuel i en heteroseksuel verden.

For mig var det en lettelse at komme til erkendelsen. Det gav mig en form for ro i hovedet, at jeg lærte mig selv at kende på den måde, og det er på trods af, at jeg ikke havde én eneste at spejle mig i.

Efter en del år fandt jeg også min plads. Jeg fandt ud af, at der også er plads til mig her i verden, og at det faktisk er helt okay at være, som jeg er.

Jeg behøver ikke være ekstravagant og have løse

håndled for at være en rigtig homo, jeg behøver ikke spise på dyre restauranter og have dyre designermøbler i min lejlighed, jeg behøver ikke en ny sexpartner hver dag – for det gør mig bare ikke lykkelig nede i maven. Det kan se fint ud for omverdenen, og det ved jeg godt mange homoseksuelle stadigvæk har behov for.

Mange af os har, eller har haft, den opfattelse, at vi kun er gode nok, når vi kan få andre til at bekræfte det – og det kan man blive afhængig af. Problemet er bare, at den dag facaden begynder at slå revner, så står det værre til end først antaget. Regnbuen og alle dens magtfulde våben styrer ens velbefindende. Det bliver den ved med, indtil man indser, at anerkendelse, lykke og glæde ikke skal komme i små doser. Det skal ikke injiceres, som om det er en vaccine med kortvarig virkning. Det der med, at man skal ud og "jagte" lykken, det er en misforståelse. Lykken gemmer sig indeni. Ikke udenpå eller udenfor.

Når man lærer kun at gøre plads til de ting i livet, som skaber ægte og vedvarende lykke for ens sande jeg, så finder man ud af, at man er helt okay og velkommen.

Nu sidder der måske nogen og tænker "ja ja Larsen, det er flot, men er det ikke lettere sagt end gjort?". Jo, må det korte svar nok være. Nogle kommer lettere igennem end andre, men den del kan jeg desværre ikke hjælpe med. Du skal selv finde den vej, der føles rigtig for dig.

Det kan også være nogen sidder og tænker, at de slet ikke kan relatere til noget i bogen. Bare vent. En dag står du i en situation, hvor et eller flere elementer fra bogen dukker op på nethinden igen. Vi er kommet for at blive - med eller uden våben. Vær bare sikker på det.

Der sidder helt sikkert nogen og tænker, at de selv har stået i en lignende situation, selvom de ikke er homoseksuelle. Jeg fandt ud af, i forbindelse med tilblivelsen af denne bog, at rigtig mange andre har stået med de samme følelser og fornemmelser. Det kan for eksempel være autister, folk med et handikap eller sågar folk med blåt hår. Så snart man ikke "ligner", så sker der et eller andet.

Jeg har efter relativt kort tid erkendt, at jeg er helt almindelig, men stadigvæk min helt egen. Og det er okay.

Der er også plads til dig her i verden, det lover jeg. Det vigtigste råd jeg kan slutte af med, er, at du aldrig må give op. Der er en plads til os alle sammen, også selvom det til tider kan virke som om, at alle stole er optaget. Så henter du bare en stol i kælderen. Det kan godt være, at elevatoren går i stykker når du skal op igen, men du skal nok komme op. Spørg om hjælp. Det er de færreste, der kan finde ud af at reparere en elevator alligevel – det skal du ikke skamme dig over. Det er okay, og det går nok. Du kan være ganske rolig min ven.

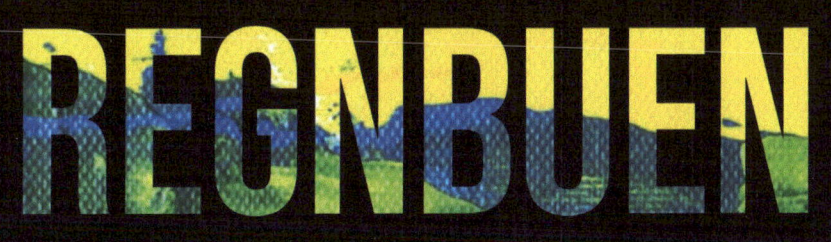

Maleri: Steve Johnson

Skuespil

"Nøglen er vejen til ægte livsglæde og lykke,
med nøglen slipper du for kortvarig anerkendelse
uden samtykke,
du kan med nøglen dig smykke,
dine våben frafalde,
kun på den måde kan du dit sande jeg fremkalde,
nøglen er ikke nem at få fat i, dog er den evig,
når du har fundet den, vil du for altid være fri"

Kram og positive tanker,
Mikkel